explora tu mundo ™

La selva tropical

Penelope Arlon
y Tory Gordon-Harris

Libro digital gratis

Desde los titíes pigmeos hasta los gigantescos gorilas, aquí conocerás algunos de los animales más divertidos y fascinantes del planeta.

monos y simios de la selva trop

Libro digital complementario de **La selva tropical**

Descarga gratis el libro digital
Monos y simios
de la selva tropical
en el sitio de Internet en inglés:
www.scholastic.com/discovermore
Escribe este código: **RCDWKNPXN942**

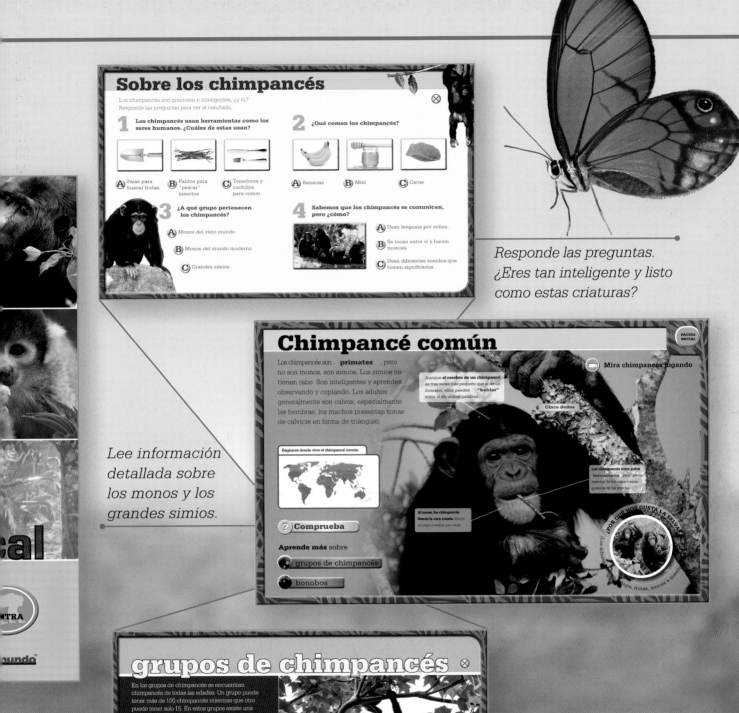

Sobre los chimpancés

Los chimpancés son graciosos e inteligentes, ¿y tú?
Responde las preguntas para ver el resultado.

1 Los chimpancés usan herramientas como los seres humanos. ¿Cuáles de estas usan?

Ⓐ Palas para buscar frutas Ⓑ Palitos para "pescar" insectos Ⓒ Tenedores y cuchillos para comer

2 ¿Qué comen los chimpancés?

Ⓐ Bananas Ⓑ Miel Ⓒ Carne

3 ¿A qué grupo pertenecen los chimpancés?

Ⓐ Monos del viejo mundo

Ⓑ Monos del mundo moderno

Ⓒ Grandes simios

4 Sabemos que los chimpancés se comunican, pero ¿cómo?

Ⓐ Usan lenguaje por señas.

Ⓑ Se tocan entre sí y hacen muecas.

Ⓒ Usan diferentes sonidos que tienen significados.

Responde las preguntas. ¿Eres tan inteligente y listo como estas criaturas?

Chimpancé común

PÁGINA INICIAL

Los chimpancés son **primates**, pero no son monos, son simios. Los simios no tienen rabo. Son inteligentes y aprenden observando y copiando. Los adultos generalmente son calvos, especialmente las hembras; los machos presentan zonas de calvicie en forma de triángulo.

Mira chimpancés jugando

Aunque **el cerebro de un chimpancé** es tres veces más pequeño que el de un humano, ellos pueden **"hablar"** entre sí sin utilizar palabras.

Cinco dedos

Regiones donde vive el chimpancé común

Los chimpancés usan palos herramientas para "pescar" insectos de los nidos o sacar guaraná de los troncos.

? Compruebe

Al nacer, los chimpancés tienen la cara rosada. Esta se oscurece a medida que crecen.

POR QUÉ NOS GUSTA LA SELVA

Aprende más sobre

grupos de chimpancés

bonobos

refugio, frutas, nueces e insectos

Lee información detallada sobre los monos y los grandes simios.

grupos de chimpancés ⊗

En los grupos de chimpancés se encuentran chimpancés de todas las edades. Un grupo puede tener más de 100 chimpancés mientras que otro puede tener solo 15. En estos grupos existe una ___, en la que un miembro macho es el jefe. El jefe es usualmente escogido por las hembras del grupo, y debe mantener su apoyo para poder continuar al mando. Los machos a veces se pelean por el poder, pero se unen para cuidar su territorio (el área donde viven), turnándose para vigilarlo. Los chimpancés cazan juntos y comparten los alimentos. En las ramas de los árboles construyen nidos de hojas y ramitas.

DATOS DEL CHIMPANCÉ COMÚN	
Nombre científico	Pan troglodytes
Altura	3-5 ft. (1.2-1.7 m)
Peso (macho)	88-132 lb. (40-60 kg)
Peso (hembra)	70-104 lb. (32-47 kg)

Los chimpancés duermen, descansan y comen en los árboles. Hay alrededor de 200,000 chimpancés comunes viviendo en su hábitat natural.

Es muy fácil descargar el libro digital. Ve al sitio web (a la izquierda), pon el código y descarga el libro. Ábrelo después con Adobe Reader.

Consultores: Dr. George C. McGavin;
Kim Dennis-Bryan, PhD
Consultora educativa: Barbara Russ
Directora de arte: Bryn Walls
Diseñadora: Ali Scrivens
Editora general: Miranda Smith
Editora general de producción:
Stephanie Engel
Editora en EE.UU.: Esther Lin
Editores en español: María Domínguez,
J.P. Lombana
Diseñador de la cubierta: Neal Cobourne
DTP: John Goldsmid
Editor de fotografía digital: Stephen Chin
Editora de contenido visual:
Diane Allford-Trotman
**Director ejecutivo de fotografía,
Scholastic:** Steve Diamond

Originally published in English as
Scholastic Discover More™: Rainforest

ISBN 978-0-545-56559-2

10 9 8 7 6 5 4 3 2 1   13 14 15 16 17

Printed in Singapore   46
First Spanish edition, September 2013

Scholastic hace esfuerzos constantes por reducir el impacto
ecológico de nuestros procesos de manufactura.
Para ver nuestras normas para la obtención de papel,
visite www.scholastic.com/paperpolicy.

Contenido

Todo sobre la selva

Animales de la selva

selva

Todo sobre la

Bienvenido al hábitat terrestre más antiguo y espectacular de nuestro planeta. Las selvas tropicales están llenas de árboles que crecen en las zonas cálidas y húmedas. Allí viven plantas y animales fabulosos... ¡y aún hay millones por descubrir!

¿Qué es la selva?

Imagina que vas por un bosque húmedo y cálido, oyendo el zumbido de los insectos, los chillidos de los monos y los cantos de los pájaros. Bienvenido a la selva tropical.

AMÉRICA DEL NORTE

guacamaya roja

Las selvas de América Central y América del Sur también cubren las islas del Caribe.

ÁFRICA

víbora del Gabón

AMÉRICA CENTRAL

La Amazonia es la selva más grande del mundo.

ECUADOR

Río Amazonas

tucán pico iris

AMÉRICA DEL SUR

¿Dónde están?

Las selvas tropicales, a veces llamadas bosques lluviosos, están en la zona cercana al ecuador, la línea imaginaria que rodea el centro de la Tierra. Es la zona que recibe más calor del sol.

En el ecuador hay unas 12 horas de luz solar cada día durante todo el año.

Avicularia metallica

Solo el 6 por ciento de la tierra es selva, pero allí vive más

El ciclo climático La selva tiene el clima ideal para las plantas.

1 El calor del sol

La temperatura puede ser de 86°F (30°C). Las plantas absorben la luz del sol y la transforman en energía para crecer.

2 Mucha lluvia

Caen hasta 13 pies (4 m) de agua al año. Las plantas absorben el agua por la raíz y la llevan hasta las hojas.

3 Muchas plantas

Las hojas liberan vapor de agua, que sube y forma nubes y más lluvia. Las plantas crecen mucho con tanta agua y luz solar.

tigre

ASIA

mono narigudo

En el Sudeste Asiático las selvas cubren parte del continente y cientos de islas que se extienden hasta el norte de Australia.

Río Congo

Grandes selvas se extienden por el centro-oeste de África, alrededor del río Congo.

AUSTRALASIA

escarabajo longicornio

lémur de cola anillada

La selva en peligro

Las personas talan los árboles de la selva. Esto no solo pone en peligro los animales y las plantas, sino que también afecta la salud de todo el planeta. Más información en las págs. 66–67.

zorro volador

de la mitad de las especies de plantas y animales.

Un arco iris de animales de

Los animales de la selva son muy coloridos. Sus colores los ayudan a camuflarse, atraer a otros animales o avisar que son venenosos. ¡Y a veces simplemente a lucirse!

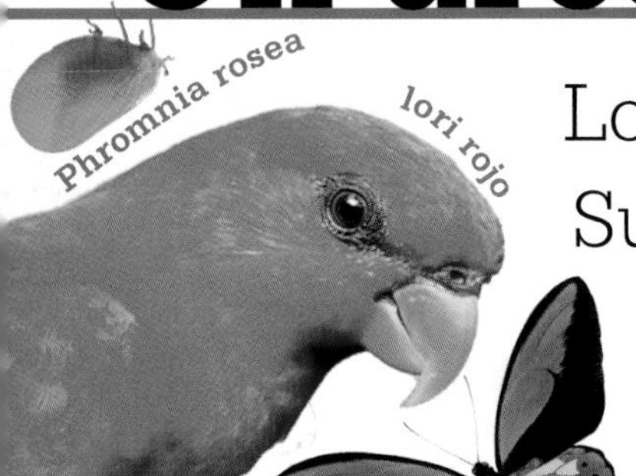

Phromnia rosea
lori rojo

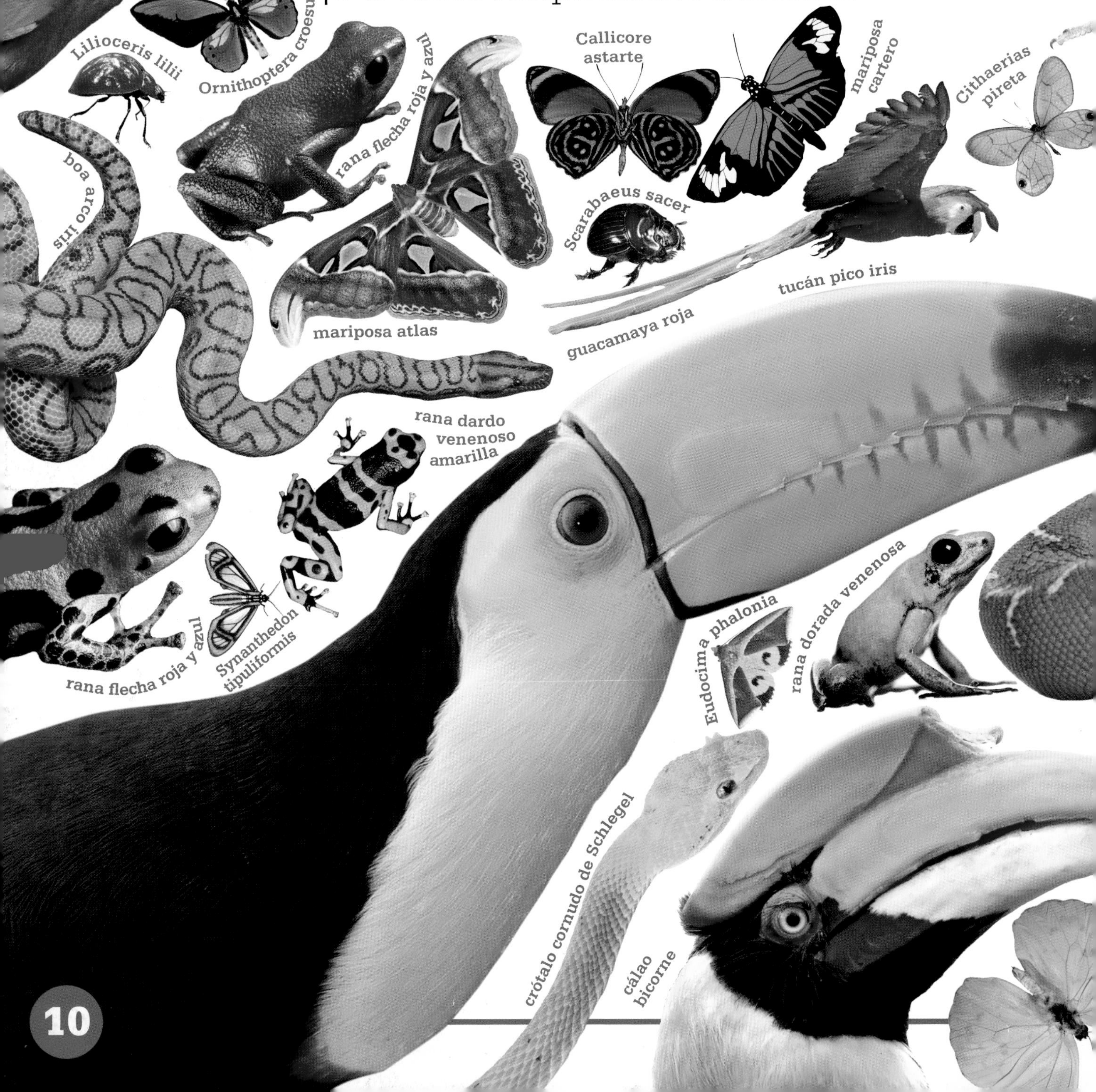

Ornithoptera croesus
Lilioceris lilii
rana flecha roja y azul
Callicore astarte
mariposa cartero
Cithaerias pireta
boa arco iris
Scarabaeus sacer
mariposa atlas
guacamaya roja
tucán pico iris
rana dardo venenoso amarilla
rana flecha roja y azul
Synanthedon tipuliformis
Eudocima phalonia
rana dorada venenosa
crótalo cornudo de Schlegel
cálao bicorne

la selva

amazona de lomo rojo

Graphium agamemnon

mariposa morpho Helena

mariposa alas de pájaro

rana flecha azul

lori arco iris

camaleón pantera

mielero patirrojo

colibrí morado

Hyloscirtus palmeri

rana verde de ojos rojos

Anomala binotata

escarabajo longicornio

Siproeta stelenes

abejaruco

insecto Pterochrozini

tucanete culirrojo

abejas de las orquídeas

rana cocoi

boa esmeralda

guacamayo azulamarillo

pavo real

iguana verde

gueco diurno de Madagascar

oruga

Phoebis philea

gorgojo verde

Del cielo al suelo

La selva es como un edificio con muchos pisos. En cada nivel viven ciertas plantas y animales, algunos de los cuales nunca bajan al suelo.

La capa emergente

Algunos árboles se alzan sobre los demás y forman esta capa, donde hace mucho viento. Las ramas crecen hasta alcanzar el largo de dos campos de fútbol, y sus hojas reciben mucha luz solar.

Pytrops candelaria

El dosel arbóreo

El dosel es el techo de la selva. Los árboles altos extienden sus ramas llenas de hojas para absorber la luz y producir frutos. Proveen abundante comida, por lo que la mayoría de los animales de la selva vive aquí.

morfo azul

tití cabeza blanca

El sotobosque

Muy poca de la luz solar que recibe la selva llega al húmedo y sombrío sotobosque. Las plantas de esta capa tienen grandes hojas para atrapar la luz. Entre las lianas viven serpientes, los insectos zumban en el aire y las ranas están muy a gusto en el aire húmedo y caliente.

Hylomantis lemur

cobra cipó

hongo pezizaceae

mariposa esmeralda

Stegolepis

El suelo de la selva

Solo el 2 por ciento de la luz solar llega al suelo caliente de la selva. El suelo es húmedo, debido a la lluvia. Hay insectos por todas partes y sobre la madera muerta crecen coloridos hongos.

El suelo de la selva es un laberinto de troncos de árboles. Pocas plantas viven allí, debido a la poca luz solar. Y entre los árboles acechan peligrosos depredadores.

Cazadores peludos

Las grandes tarántulas salen de sus cuevas en la noche a cazar insectos, pequeños reptiles y mamíferos.

El olor del hongo basidiomiceto atrae a las moscas que esparcen sus esporas.

tarántula

montículo de comején

comején

Recicladores

Los hongos del suelo de la selva descomponen las plantas muertas y devuelven sus nutrientes al suelo.

Minirrecicladores

Insectos como las hormigas y los comejenes eliminan la madera, las hojas y los animales muertos que de otro modo se acumularían en el suelo de la selva.

Una gota de lluvia puede demorar diez minutos en llegar de

La dura cresta del casuario lo ayuda a abrirse paso entre las plantas para buscar su comida.

Grandes mamíferos

Pocos mamíferos herbívoros viven en la selva, pues no hay muchas hojas. Pero algunos, como este rinoceronte, comen retoños de plantas.

La parte del hongo que parece un paraguas contiene las esporas que se convierten en nuevos hongos.

Grandes aves

El casuario austral es un ave gigante que vive en los suelos de las selvas del Sudeste Asiático.

Serpientes

En el suelo de la selva acechan en silencio serpientes como la cobra real, cuya mordida puede matar a un elefante.

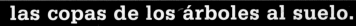
las copas de los árboles al suelo.

El dosel arbóreo

En lo alto del frondoso dosel, las frutas y las flores proveen abundante comida a una gran variedad de especies.

Monos
Los monos chillan y saltan de rama en rama en el dosel. El mono araña (arriba), que vive en grandes manadas, busca su comida entre las hojas.

Perezoso de tres dedos
El lento perezoso se cuelga de cabeza en las ramas.

Los loros chillan en las copas de los árboles.

El dosel puede ser un lugar peligroso. Todo el mundo anda buscando comida.

boa
esmeralda

Laparus
doris

Quetzal

En el dosel arbóreo viven cientos de especies de coloridas aves que comen frutas e insectos.

Iguana verde

En las ramas hay reptiles como esta iguana verde, que puede medir hasta 6,6 pies (2 m) de largo.

Escarabajo

Las hojas, flores y frutas proveen alimento a los insectos, que a su vez son devorados por depredadores.

El perezoso solo baja al suelo a hacer caca.

Salón de la fama

En la selva hay más tipos de plantas y animales que en cualquier otro hábitat. Y allí viven muchos de los campeones del reino animal y vegetal.

LA FLOR MÁS GRANDE

La flor de la rafflesia puede llegar a medir 39 pulgadas (1 m) de diámetro. ¡Y huele a carne podrida!

FRUTA APESTOSA

El durián huele a cebolla y medias sudadas, pero a algunas personas les encanta su sabor.

EL MÁS RUIDOSO

El chillido del araguato del Amazonas se puede oír a 20 millas (30 km) de distancia.

LA HOJA MÁS GRANDE

Las hojas de la palma rafia llegan a medir 80 pies (25 m) de largo y 10 pies (3 m) de ancho, y son las más grandes del mundo.

LA SERPIENTE MÁS GRANDE

La anaconda verde es la serpiente más grande del mundo. Puede medir 29 pies (8,8 m) de largo.

EL MEJOR ACRÓBATA

El gibón puede dar saltos de 30 pies (9 m). Sus largos brazos le permiten saltar fácilmente de rama en rama.

ALAS VELOCES

El colibrí puede batir las alas 80 veces por segundo. Es la única ave que puede volar hacia atrás.

EL MÁS LENTO

El perezoso es muy lento porque se alimenta de hojas, lo que le da poca energía.

LA MARIPOSA MÁS GRANDE

La mariposa alas de pájaro es casi del mismo tamaño de este libro... ¡abierto!

EL PEZ ESCAMOSO MÁS GRANDE

El arapaima, con 10 pies (3 m) de largo, es el pez escamoso de agua dulce más grande.

dulce que ningún otro río del mundo.

La lucha por la luz

Las plantas que crecen en la selva deben competir por la luz. Y usan métodos muy creativos para ganar esa competencia.

En las selvas tropicales de América es muy común hallar bromelias.

Cuencos de agua

Algunas bromelias crecen en el suelo de la selva, pero la mayoría echa raíces en las ramas altas de los árboles, donde hay más luz. Sus hojas forman tazones para colectar agua, donde viven insectos e incluso ranas.

Raíces tubulares

Algunos árboles tienen raíces llamadas tubulares, que salen desde el tronco y que les dan apoyo y estabilidad en el suelo poco profundo. Estas les permiten crecer más en busca de la luz.

raíz tubular

..... orquídea

Plantas de altura

Las semillas de las epifitas, como las bromelias, las orquídeas, los musgos y los líquenes, crecen en las superficies de otras plantas sin dañarlas. Obtienen el agua y los nutrientes del rocío, la lluvia, los desechos de otras plantas y la humedad del aire.

Asesinas de árboles

Las semillas de la higuera estranguladora se adhieren a las copas de los árboles. Sus raíces comienzan a crecer hacia el suelo y sus ramas acaban por matar el árbol.

Lianas

Las lianas crecen sobre los árboles y adhieren raíces a sus cortezas. Cuando llegan al dosel, las raíces comienzan a crecer hacia el suelo hasta fijarse en él.

Ciclo del árbol Cuando un árbol muere, otros luchan por su lugar.

1 Árbol caído

Cuando un árbol cae en la selva, deja una brecha por donde entra la luz.

2 Retoños

Los retoños compiten por ocupar el lugar del árbol que acaba de morir.

3 Relocalización

Si no tiene espacio, la planta zanco echa nuevas raíces y se traslada.

Muchos árboles tienen hojas solo en el dosel, donde llega el sol.

Plantas fabulosas

En la selva las plantas deben ser grandes e ingeniosas para poder sobrevivir y reproducirse. También deben saber atraer animales que las ayuden.

Las flores tienen el largo perfecto para el pico de los colibríes.

Buscar ayuda

Las flores necesitan polen para producir semillas. La heliconia atrae al colibrí con su dulce néctar. El polen se queda pegado al ave, que lo lleva a otra flor de heliconia.

El colibrí es una de las pocas aves que puede flotar en un mismo lugar en el aire.

Flores nocturnas

Las flores del árbol cabello de ángel solo se abren de noche. Tienen un olor a queso que atrae a los murciélagos para que tomen su néctar y lleven su polen.

Las hojas de algunas plantas son tan grandes

Plantas gigantes

La victoria amazónica tiene hojas enormes para atrapar la mayor cantidad de luz solar.

mosca

Carnívoras

La planta jarro produce un delicioso néctar que atrae a los insectos a sus hojas mortales; y entonces los devora.

Flores apestosas

La rafflesia huele a carne podrida, lo cual atrae a las moscas, que a su vez llevan su polen de flor en flor.

flor de
cabello
de ángel

Dispersión de las semillas

Hasta los peces ayudan a las plantas. El pacú del río Amazonas se come las frutas caídas y dispersa las semillas.

que la gente las usa como paraguas.

Animales
de la selva

Si viajas por la selva, puedes ver aves de vivos colores, ranas venenosas o grandes ejércitos de hormigas cortadoras de hojas. En las selvas vive casi la mitad de las especies de animales de la Tierra. La mayoría de los primates (simios, monos y lémures), como estos titíes, vive en las selvas.

Las selvas de América Central

El área selvática más grande del mundo está en América Central y del Sur. La mayor parte se encuentra en la gran cuenca del Amazonas.

La pelambre moteada del jaguar se confunde con el sotobosque.

cuenca del Amazonas

AMAZONIA: DATOS

ÁREA SELVÁTICA
Unos 2,7 millones de millas cuadradas (6 millones de km cuadrados)

POBLACIÓN AUTÓCTONA
Alrededor de 1 millón de pobladores nativos

MAYOR MAMÍFERO
Tapir de Baird

PRINCIPALES DEPREDADORES
Jaguar, águila harpía, nutria gigante, boa

ESPECIE EN MAYOR PELIGRO
Ameerega ingeri, un tipo de rana venenosa. Solo se ha visto una en Colombia en 1970.

Jaguares
El jaguar es el principal depredador de las selvas tropicales de América. No se encuentra en ninguna otra área.

En la

y América del Sur

tucán

Especies de la selva

Aves exóticas

En estas selvas hay muchas aves exóticas. Panamá, que es muy pequeño, tiene más especies de aves que América del Norte.

Acróbatas

Los monos de América del Sur, como este mono araña, son los únicos que usan sus colas como un brazo para agarrarse de las ramas al saltar.

Pueblos de la selva

La mayor parte de las 400 tribus de la selva ha recibido influencia del mundo exterior. Pero hay tribus que siguen viviendo aisladas.

Insectos

Nadie sabe cuántas especies de insectos hay en la selva, pero en cada árbol se pueden hallar varios cientos de especies.

27

Amazonia vive el 15 por ciento de todas las especies de aves.

El río Amazonas

Por muchas selvas tropicales pasan grandes ríos, pues están en zonas muy lluviosas. El gran río Amazonas atraviesa la selva del mismo nombre. Más de 1.000 afluentes desembocan en él.

Este árbol ha crecido por encima del dosel arbóreo.

Alimentos

Muchas tribus viven cerca del Amazonas porque es una excelente fuente de alimentos.

Delfines rosados

En el río Amazonas viven unos delfines muy inusuales, ¡pues al llegar a adultos se vuelven rosados!

canoa

El increíble Amazonas

El Amazonas tiene más agua dulce que cualquier otro río del mundo. En él viven muchas especies de animales de agua dulce. El río provee agua a una infinidad de plantas y animales que viven en él o cerca de él.

¡Peligro! El río es un lugar muy peligroso.

Caimanes

El caimán (un tipo de cocodrilo) acecha en la orilla, listo para abalanzarse sobre los animales sedientos.

Pirañas

Con sus afilados dientes, las pirañas de panza roja pueden devorar un animal hasta solo dejar los huesos.

Nutrias gigantes

La nutria gigante es el principal depredador del río. Come peces, serpientes y hasta caimanes pequeños.

¡En algunos lugares el río tiene 6 millas (10 km) de ancho!

Los pueblos de

En la Amazonia viven unas 400 tribus, cada una con su propio territorio, lenguaje y cultura.

Un modo de vida en peligro

En la frontera de Brasil y Venezuela viven unos 32.000 indígenas yanomamis. Su tierra ahora está amenazada por la tala de árboles y la minería ilegal para la extracción de oro.

Ciudades de la selva

Los habitantes de la selva, en su mayoría, viven como los yanomamis. Sin embargo, ya existen algunas ciudades. Iquitos es la ciudad más grande del mundo sin acceso por carretera.

Los yanomamis usan unas 500 plantas que les sirven de alimento y medicamento y para la construcción o la elaboración de productos.

Los yanomamis

la Amazonia

Estilo de vida Los yanomamis viven en armonía con la selva.

Una casa grande

Los yanomamis viven en grupos de hasta 400 personas. Cada grupo vive en una sola casa grande llamada *shabono*.

Cazar la comida

Los hombres cazan y pescan. Ponen curare, un veneno vegetal, en las puntas de las flechas.

El huerto

Las mujeres yanomami cultivan 60 tipos de plantas en sus huertos.

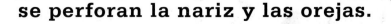

se perforan la nariz y las orejas.

Aunque no se ven fácilmente, en el suelo de la selva amazónica viven millones de pequeñas criaturas.

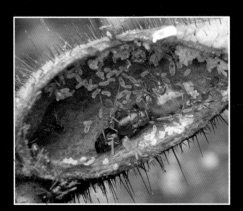

Esta tarántula está devorando un pájaro.

Hormigas aztecas

Estas hormigas viven en las cecropias, cuyo jarabe les sirve de alimento. A su vez, las hormigas defienden a la planta de sus depredadores.

Arañas gigantescas que comen pájaros

Esta tarántula es una de las más grandes del mundo. ¡Es del tamaño de un plato! No teje redes, sino que caza en el suelo.

Más del 90 por ciento de las especies de la Amazonia son de

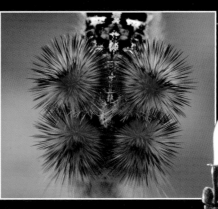

Esta colorida oruga se convertirá en una polilla.

Escorpiones

Los escorpiones tienen pinzas con las que atrapan a sus presas y una púa venenosa en la punta de la cola para matar a sus presas o enemigos.

Orugas

La selva está llena de orugas peludas y coloridas, muchas de las cuales son venenosas.

Se cree que las larvas, o crías, comen madera, pero nunca se las ha visto hacerlo.

tarántula

Escarabajos gigantes

El escarabajo *Titanus giganteus* es el más grande de la Amazonia. Con sus mandíbulas puede cortar un lápiz por la mitad o desgarrar la carne de una persona.

▶▶▶ **Aprende más**

sobre animales venenosos en la pág. 38.

insectos, y quedan muchas por descubrir.

Mariposas en el lodo

Se cree que los machos de las mariposas que beben

Los piéridos se reúnen en grandes grupos para tomar minerales del lodo. Es difícil hallar sales minerales en la selva, pero la orina y la sangre de los animales se mezclan con el lodo y son una buena fuente de sales minerales.

lodo transfieren sales minerales a las hembras.

¿Quién se come a quién?

En la selva siempre hay algún animal que se está comiendo a otro. Quién se come a quién depende de un orden llamado cadena alimentaria.

Cadena alimentaria La cadena comienza en el aire.

Águila

El águila harpía es un superpredador, es decir, no tiene depredadores. Caza monos.

Mono

El mono capuchino es omnívoro. Come plantas y animales, como las mantis religiosas.

Mantis

La mantis es carnívora. Espera inmóvil a que se acerquen insectos para cazarlos.

Polilla

La mariposa atlas vive de una a dos semanas y está en la cola de la cadena alimentaria.

caimán de anteojos

Los caimanes no son superpredadores: los jaguares los cazan.

Caimán

Es carnívoro. Come peces y atrapa mamíferos, como el venado, cuando van al río a beber.

Los animales no se dejan comer sin luchar, como verás a continuación.

El veneno

Esta víbora de foseta caza animales pequeños. Se cuelga de un árbol y cuando una presa (como esta rata) pasa cerca, se lanza sobre ella a toda velocidad y la muerde, inyectándole veneno para matarla. Luego se la traga entera.

La defensa

Los animales no se dejan cazar fácilmente: hacen todo lo posible por sobrevivir.

rana flecha roja y azul .....

Veneno

Algunos animales, como estas ranas, tienen colores vivos que indican que son venenosos y tienen mal sabor.

Las ranas flecha están entre las criaturas más venenosas del mundo.

Protección espinosa

Algunos árboles tienen espinas que los protegen de los herbívoros más hambrientos. No sería una buena idea escalar este árbol llamado capoquero.

Coraza natural

El armadillo tiene una coraza muy dura. Si se siente en peligro, se hace una pelota para protegerse.

armadillo .

Las hojas del *Dendrocnide moroides* de Asia son

Fuga en lo alto

El mono capuchino salta velozmente de rama en rama para escapar de sus enemigos.

Peor picada

Las hormigas bala viven en grandes colonias y protegen sus nidos de los depredadores con sus potentes y venenosas picadas. Se dice que tienen la picada más dolorosa del reino animal.

Camuflaje ¿Me ves o no me ves?

Si se asusta, el armadillo puede saltar a 3 o 4 pies (0,9 a 1,2 m) de altura.

Pocos depredadores podrían descubrir a esta rana.

Este pájaro descansa en una rama, ¡y parece parte de ella!

Si te fijas bien, verás una araña camuflada en esta foto.

venenosas. Si tocas una, ¡el dolor puede durar dos meses!

Las salamanquesas no tienen párpados. ¡Se limpian los ojos

La piel de esta salamanquesa de cola de hoja, una especie de gueco, tiene el mismo aspecto de la corteza del árbol donde se encuentra. Es capaz de cambiar el color de su piel para confundirse con la corteza de cualquier árbol. Duerme de día, sabiendo que su camuflaje la protege de los depredadores.

lamiéndolos! Esta quizás esté dormida sobre la rama.

La mayor parte de la selva africana se halla en la cuenca del Congo, en la zona del continente más cercana al océano Atlántico. Esa zona es famosa por sus grandes simios.

cuenca del Congo

DATOS DE LA SELVA

ÁREA SELVÁTICA
720.000 millas cuadradas (1.875 millones de km cuadrados)

POBLACIÓN AUTÓCTONA
500.000 pobladores nativos

MAYOR MAMÍFERO
Elefante africano de bosque

PRINCIPALES DEPREDADORES
Leopardo, cocodrilo, pitón de Seba

ESPECIE EN MAYOR PELIGRO
Gorila de montaña: quedan menos de 790 en la selva.

Insectos
En las selvas africanas se pueden hallar criaturas muy extrañas y extraordinarias como este escarabajo Goliat, que es el más pesado del mundo: puede pesar hasta 3,5 oz. (100 g).

Una de las mayores amenazas a los grandes animales de la selva

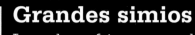

El yaco es el loro que mejor imita la voz humana.

Fauna de la selva africana

Grandes simios

La selva africana es el único lugar del mundo donde viven los gorilas gigantes y los ingeniosos chimpancés (izquierda).

Serpientes mortales

En la selva africana viven algunas de las serpientes más peligrosas, como esta víbora del Gabón.

Mamíferos raros

El okapi es muy raro: tiene el cuello largo y franjas en las patas. Su lengua es azul y mide 14 pulgadas (35 cm) de largo.

Aves

En la selva viven muchas aves exóticas, como el yaco, que es un gran imitador: es capaz de imitar el canto de cualquier ave.

africana son los cazadores que los matan para alimentarse.

Los pueblos de la selva

En la selva africana viven muchas tribus. Los efé son una tribu de cazadores recolectores que han vivido en la selva por miles de años.

Casas de la selva

Los efé viajan constantemente por la selva y construyen casas temporales donde se encuentren.

Baja estatura

Muy pocos habitantes de la selva africana miden más de 5 pies (1,5 m) de estatura.

Construyen sus sencillas casas con ramas y hojas.

Los indígenas creen que la selva los protege, por eso

Los recolectores de miel son muy respetados, pues a las abejas no les gusta que les quiten la miel.

La dieta efé

Los efé no cultivan la tierra. Cazan, comen plantas y recolectan alimentos como la miel.

Intercambio

Los efé intercambian carne y miel por ropa y otros productos con personas que no viven en la selva.

En busca de agua

Los efé conocen cada fuente de agua en la selva, y saben usar lianas para obtenerla.

le cantan para homenajearla.

Acróbatas de la selva

Cualquiera que viaje por la selva escuchará el parloteo constante de los primates (monos y simios). Algunos de ellos viven en grandes manadas.

Los monos araña viven en manadas de hasta 35 monos y se comunican dando gritos y chillidos.

El tití pigmeo es el primate más pequeño del mundo.

Es fácil reconocer este mono por su inmensa nariz.

Los monos colobos son muy ágiles. A diferencia de otros monos, no tienen pulgares.

Tití pigmeo
HÁBITAT:
Amazonia
MONO O SIMIO:
Mono
ESTATURA:
0,5 pies (15 cm)
DIETA:
Resina de árboles, insectos, arañas

Mono araña
HÁBITAT:
Amazonia
MONO O SIMIO:
Mono
ESTATURA:
2,2 pies (66 cm)
DIETA:
Frutas, semillas, huevos de aves, huevos de araña

Mono narigudo
HÁBITAT:
Borneo
MONO O SIMIO:
Mono
ESTATURA:
2,5 pies (75 cm)
DIETA:
Frutas, semillas, hojas

Mono colobo
HÁBITAT:
Selvas de África occidental
MONO O SIMIO:
Mono
ESTATURA:
2,5 pies (75 cm)
DIETA:
Hojas, frutas, flores

Los chimpancés, gorilas y orangutanes son simios

El gorila es el primate más grande del mundo.

Los chimpacés usan herramientas como los seres humanos. Usan palos y ramitas para atrapar insectos.

El mandril macho tiene una colorida nariz, ¡y el trasero azul! Es el mono más grande del mundo.

Los orangutanes construyen nidos en los árboles para dormir.

Mandril

HÁBITAT:
Selvas de África occidental
MONO O SIMIO:
Mono
ESTATURA:
2,7 pies (81 cm)
DIETA:
Plantas, animales pequeños

Chimpancé

HÁBITAT:
África central y occidental
MONO O SIMIO:
Simio
ESTATURA:
5,2 pies (160 cm)
DIETA:
Frutas, semillas, monos colobos rojos (los cazan en grupo)

Orangután

HÁBITAT:
Borneo y Sumatra
MONO O SIMIO:
Simio
ESTATURA:
5,7 pies (175 cm)
DIETA:
Frutas, insectos, huevos de ave, miel

Gorila

HÁBITAT:
África central y occidental
MONO O SIMIO:
Simio
ESTATURA:
5,9 pies (180 cm)
DIETA:
Hojas, brotes, tallos, frutas

homínidos, y los gibones son simios hilobátidos.

Madagascar

En la selva de Madagascar, una isla de África, viven muchos animales endémicos de esa isla que no se hallan en ningún otro lugar del mundo.

El camaleón de Parson es uno de los más grandes del mundo: es del largo del brazo de un hombre.

Madagascar

DATOS DE LA SELVA

ÁREA SELVÁTICA
Madagascar tiene 226.658 millas cuadradas (587.041 km cuadrados). Antes, toda la isla era selva, pero hoy queda solo el 10 por ciento.

POBLACIÓN
22 millones de personas; unos 20 grupos étnicos

MAYOR MAMÍFERO
Potamoquero de río

PRINCIPAL DEPREDADOR
Fosa

ESPECIE EN MAYOR PELIGRO
Porrón malgache: se considera que solo quedan 60 ejemplares en el mundo.

Camaleones

Más de la mitad de las especies de camaleón vive en Madagascar. Tienen lenguas muy largas y pueden cambiar de color de acuerdo a su estado de ánimo.

Inmensas aves elefante, de 10 pies (3 m) de alto, vivían antes

Fauna de la isla Criaturas únicas

camaleón de Parson

Aves

Más de la mitad de las especies de aves de Madagascar, como esta vanga de pico curvo, solo se halla en esa isla.

Mamíferos

Los mamíferos de esta selva son pequeños. El fosa, que es del tamaño de un perro, es el principal depredador.

Insectos

La selva está llena de insectos. La cucaracha gigante es un carnívoro nocturno que pare en lugar de poner huevos.

Lémures

Los lémures son primates que solo viven en Madagascar. Viven en manadas y recorren la selva por el suelo y los árboles.

en la selva, pero se extinguieron a causa de la caza excesiva.

La telaraña más grande

La telaraña

Esta telaraña fue tejida
por una araña ladradora de
Darwin, una especie de
Madagascar. Las redes de estas
arañas pueden ser del largo de
dos autobuses escolares.
Son las telarañas más
grandes del mundo.

Curiosidad: La tela de araña

¡La araña más trabajadora del mundo!

es el material natural más fuerte que hay en la Tierra.

En la selva hay muchas criaturas extrañas. Las hay transparentes, de formas rarísimas ¡e incluso fosforescentes!

ave del paraíso de Wilson

murciélago frugívoro de cabeza de martillo

tarántula Goliat

oruga peluda

escarabajo rinoceronte

Phromnia rosea

insecto Pterochrozini

escarabajo hércules

Ctenomorpha marginipennis

armadillo de Brasil

rana verde de ojos rojos

mantis orquídea

hongos

tarsero

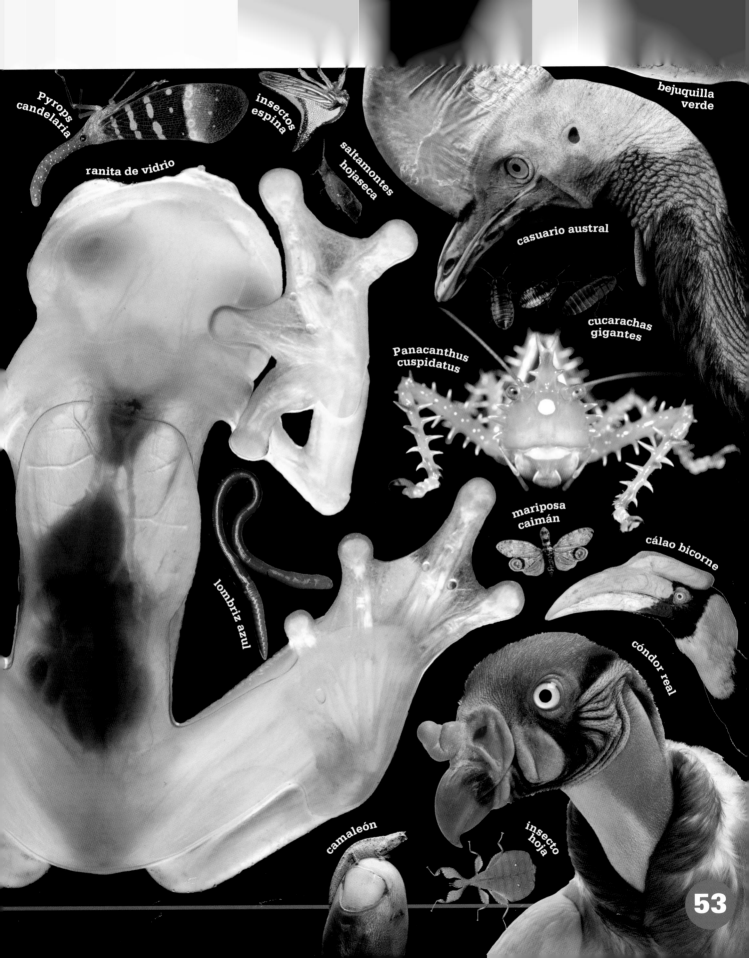

Pyrops candelaria

insectos espina

ranita de vidrio

saltamontes hojaseca

bejuquilla verde

casuario austral

cucarachas gigantes

Panacanthus cuspidatus

mariposa caimán

cálao bicorne

lombriz azul

cóndor real

camaleón

insecto hoja

53

Las selvas de Asia

Las selvas asiáticas están entre las más antiguas de la Tierra. Se extienden desde la India hasta el norte de Australia, y cubren cientos de islas en esa zona.

····· **Papúa Nueva Guinea**

La gente usa estos elefantes como medio de transporte.

DATOS DE LA SELVA
PAÍSES
India, Sri Lanka, Bután, Bangladesh, Myanmar, Laos, Tailandia, Vietnam, Camboya, Malasia, Papúa Nueva Guinea, Filipinas, Indonesia, Australia
POBLACIÓN AUTÓCTONA
Solo en Papúa Nueva Guinea hay cientos de tribus
MAYOR MAMÍFERO
Elefante asiático
PRINCIPALES DEPREDADORES
Tigre, pitón de Birmania, águila negra asiática
ESPECIE EN MAYOR PELIGRO
Rinoceronte de Java: se cree que quedan menos de 45 en las selvas.

El orangután es el primate más grande de la selva

La fauna de las islas selváticas

Mariposa atlas

La polilla más grande del mundo vive en las selvas del Sudeste Asiático. Mide 1 pie (30 cm) de ancho.

Grandes felinos

En las selvas asiáticas vive el felino más famoso: el tigre. Su cuerpo puede alcanzar 6 pies (1,8 m) de largo.

Árboles altos

Algunos animales se han adaptado a vivir en árboles altos. Esta serpiente de árbol planea por el aire extendiendo sus costillas.

Elefantes

El elefante asiático es más pequeño que el africano, y tiene orejas más pequeñas. Se abre paso en la selva y come plantas con hojas y cortezas de árboles.

Selvas de Australia

Las selvas del norte de Australia no tienen tantas especies de animales como otras, ¡pero allí vive el canguro arborícola!

asiática. Se halla en las islas de Borneo y Sumatra.

Cuando cae la noche en las selvas de Asia aparecen extrañas criaturas. Los cazadores se despiertan, ¡y sus presas están en constante peligro!

Por el día, los murciélagos se cuelgan de cabeza en árboles o cavernas. En la noche salen por millones a buscar comida.

El tigre vive y caza solo.

Ranas voladoras

La rana voladora de Wallace caza de noche. Planea de árbol en árbol para atrapar sus presas.

Tapires

El tapir malayo sale a comer de noche. No tiene buena vista, pero sí un gran olfato y orejas grandes para detectar el peligro.

Tigres sigilosos

En la noche totalmente oscura, el tigre se mueve en silencio para acechar a sus presas. Cuando está cerca, ¡se lanza sobre ellas!

El zorro volador es el murciélago más grande del mundo.

Murciélagos gigantes

Gracias a su aguda vista y su gran olfato, el zorro volador halla su comida en la noche.

Luciérnagas hembras

Estos lampíridos emiten luz desde su abdomen para atraer a los machos.

·····• zorro volador

Ojos inmensos

Los ojos del tarsero son enormes, y le permiten ver en la oscuridad. Se lanza sobre sus presas para atraparlas.

El tarsero filipino tiene dedos largos con uñas. Se asea con las garras que tiene en dos dedos de las patas posteriores.

Llega a medir 5 pies (1,5 m)   **de envergadura.**

Papúa Nueva Guinea

Papúa Nueva Guinea se encuentra en el océano Pacífico. Es el único país del mundo en el que la mayoría de la población vive en la selva.

Ave del paraíso

Cada tribu se viste con su propio estilo. Usan plumas de aves del paraíso como adorno.

El festival

Muchas tribus asisten al Festival de Mount Hagen para participar en el "sing-sing", una reunión en la que todos bailan y cantan vestidos con trajes típicos.

Adorno de la tribu huli

La tala de árboles

Los korowais cortan árboles y ramas para construir casas en las copas de otros árboles.

La construcción

Esta casa está construida sobre pilotes a 82 pies (25 m) de altura. Toda la tribu ayuda en la construcción.

Una casa segura

Los korowais construyen estas casas increíbles para protegerse de los ataques de otras tribus.

hombres de barro asaros

Estas máscaras y pinturas se hacen con barro.

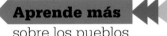

Aprende más sobre los pueblos de la selva en las págs. 30–31.

59

Nueva Guinea se hablan más de 700 lenguas.

necesaria

La selva es

Los seres humanos están destruyendo el hábitat más importante de la Tierra. Las selvas cubrían el 14 por ciento de las tierras del mundo. Hoy solo cubren un 6 por ciento, y muchas especies de animales y plantas, como esta planta jarro, están amenazadas o extintas. ¿Qué puedes hacer tú para ayudar a proteger las selvas que quedan?

Por qué es importante

Las selvas son muy importantes no solo para las plantas, los animales y las personas que viven en ellas, sino para todas las personas de la Tierra. Si las selvas desaparecen, nuestra vida cambiaría radicalmente.

Vida en la selva

La mayor biodiversidad del planeta se halla en las selvas. Allí vive más de la mitad de todas las especies de animales y plantas.

insecto
Pterochrozini

La selva es vital para todos

Produce oxígeno

Las plantas de la selva producen buena parte del oxígeno que respiramos para vivir.

Limpia el aire

Las plantas absorben grandes cantidades del dióxido de carbono producido por los autos.

Produce lluvia

Las selvas producen una gran cantidad de agua, que luego cae como lluvia en todos los países.

En las págs. 66 y 67 verás por qué nuestras

guacamayo

Aquí puedes ver varias cosas que nos brinda la selva.

Protege la salud

Casi el 25 por ciento de los medicamentos que usamos se extrae de las plantas de la selva.

Nos da goma

La goma se hace a partir de la savia de unos árboles de la selva. Si no hay selva no habrá botas de lluvia.

Nos alimenta

Muchos alimentos exquisitos, como las frutas tropicales, son originarios de la selva.

selvas están en peligro de desaparecer para siempre.

Cómo se hace el chocolate

Todo el chocolate proviene de la selva.

Los aztecas de América Central usaban los granos de cacao como dinero.

1 El árbol

El chocolate se hace de los frutos del árbol de cacao. El árbol necesita sombra, por lo que el sotobosque es ideal para él.

4 Empaquetar el grano

Los granos no se sacan de la selva hasta que no están bien secos. Cuando se secan, los granos se ponen en sacos y se envían a las fábricas.

5 Derretir la semilla

Hay que tostar los granos y quitarles las capas que recubren la semilla. Cuando el centro del grano se calienta, se derrite en una masa de cacao.

Solo los jejenes de la selva ayudan a la polinización del árbol

2 Los granos

El fruto es del tamaño de un balón de fútbol americano y tiene unos 30 granos o semillas rodeados de pulpa.

semillas

3 El secado

Los granos se recogen y se dejan en pilas 5 o 6 días para que se fermenten. Luego se ponen a secar. Entre 3 y 7 días después, se ponen de color marrón.

6 Hacer el chocolate

A la masa de cacao se le añade azúcar y crema de leche. Esa mezcla se revuelve bien en una máquina. Luego se seca en moldes y se empaqueta.

7 Una delicia antigua

Hace más de 2.000 años los mayas de América Central ya hacían y bebían chocolate, mezclándolo con agua, miel o ají.

de cacao, por eso es tan difícil cultivar cacao en otros lugares.

La selva está en peligro

En el tiempo que te toma leer este libro quedará destruida un área selvática del tamaño de dos canchas de fútbol. El futuro de las selvas está en peligro.

La deforestación

La pérdida de selvas se llama deforestación. Las selvas se destruyen para obtener madera y aceite de palma, o para convertirlas en tierras de cultivo. Las compañías mineras las usan para extraer metales como el aluminio con el que se fabrican las latas de soda.

¿Quién lo sufre?

1 Las personas

Muchas tribus de la selva han sido expulsadas de las áreas donde vivían.

Al talar árboles para obtener madera, los pesados equipos trituran el suelo y destruyen el sotobosque. Esto hace que las plantas no puedan volver a crecer.

Algunas personas piensan que para el año

La destrucción de la selva nos perjudica a todos.

2 Los animales

Se cree que cada día podrían desaparecer unas 35 especies de animales.

3 Las plantas

Muchas plantas, como ciertas orquídeas, están desapareciendo.

4 Todo el mundo

Los medicamentos, la comida y otros productos de la selva desparecerán.

Calentamiento global

La deforestación contribuye al calentamiento global, es decir, al calentamiento de la Tierra. El dióxido de carbono (CO_2) atrapa el calor y la luz del Sol y eso hace que el aire se caliente. Los árboles absorben CO_2 y de ese modo ayudan a mantener estables las temperaturas. Si se talan demasiados árboles, la Tierra se podría calentar excesivamente y muchas plantas y animales morirían.

2060 no quedarán selvas en la Tierra.

Salvar la selva

Hace no mucho tiempo en la tierra existía el doble de las selvas que hay hoy. Algunas organizaciones y gobiernos están tratando de detener la destrucción: tú puedes ayudar también.

La sostenibilidad

En la selva se puede cultivar sin necesidad de destruir grandes áreas. Los productos obtenidos así se consideran sostenibles.

Parques nacionales

Algunos países han convertido grandes áreas selváticas en parques protegidos por la ley. Los turistas pagan por visitarlos y ver animales como los orangutanes.

Los gorilas de montaña viven protegidos en el Parque Nacional de Virunga, África.

Los alimentos de las selvas se pueden recoger sin

¿Cómo puedes ayudar?

1 Aprende
Busca organizaciones dedicadas a la protección de la selva y corre la voz.

2 Recicla
Recicla papel para que así haya que talar menos árboles.

3 Ten conciencia
Compra flores y comida obtenidas de fuentes sostenibles.

Aprende más sobre los animales amenazados en las págs. 70–71.

Reforestación
Las compañías madereras pueden reemplazar los árboles talados sembrando otros. Eso se llama reforestación.

Zoológicos y parques
Muchos zoológicos crían y estudian animales selváticos amenazados, algunos de los cuales son devueltos a la selva.

necesidad de   destruir áreas selváticas.

Ahora o nunca

Las selvas están desapareciendo, y todos los animales que viven allí están amenazados. Estos animales están en peligro de extinguirse muy pronto.

cálao rinoceronte

culebrera azor

loro imperial

mariposa alas de pájaro

águila monera filipina

tapir

guacamayo azul

gran guacamayo verde

estornino de Bali

arowana asiática

manatí

nutria gigante

buitre de cabeza roja

mono araña de Geoffroy

gibon de mejillas blancas

gorila

guacamayo de Spix

cálao rufo

rana flecha

cacatúa sulfúrea

mariposa de cristal

amazona de corona roja

mantella dorada

chimpancé

insecto membranácido

lémur rufo blanco y negro

insecto Pterochrozini

mariposa cartero

tití león de cabeza dorada

tigre de Sumatra

Lygodactylus williamsi

71

Sobrevivir en la selva

Las plantas hincan, los animales quizás traten de comerte, estás mojado y debes hallar agua y comida. ¿Podrías sobrevivir en la selva?

Con el bambú se puede hacer una lanza para pescar.

Haz una fogata al amanecer y al anochecer: el humo ahuyenta a los insectos.

Sacude la ropa y los zapatos antes de ponértelos: podría haber arañas o escorpiones ocultos en su interior.

Si te pierdes, sigue el curso de un río. Así tendrás más posibilidades de hallar personas o incluso ciudades.

Fíjate en qué comen los monos. Lo que ellos coman, tú

En las hojas hay agua. Si pones el extremo de la hoja en una botella, puedes recoger su agua.

Si cortas una liana quizás halles agua dulce en su interior.

Si te quedas sin comida, trata de freír hormigas: tienen mucha proteína.

Nunca tomes agua directamente de un río. Hiérvela antes para eliminar las impurezas.

Échate lodo en la piel descubierta. Cuando se seca, forma una barrera contra los mosquitos.

lo puedes comer.

Entrevista con un

Nombre: Charith Senanayake
Profesión: Director ejecutivo
de Rainforest Rescue
International, Sri Lanka

 ¿Cuál es tu trabajo?
Dirijo la organización Rainforest
Rescue International, que brinda
información sobre la selva y cómo
proteger lo poco que queda de ella.

**¿Qué porción de la selva de
Sri Lanka se ha perdido?**
Solo queda el 5 por ciento. La
mayoría ha sido talada para
obtener madera y para cultivar
plantas como el té y el caucho,
productos que se exportan a
otros países.

 **¿Qué ayuda brinda tu
organización?**
Visitamos pueblos y escuelas para
informar y organizar proyectos.

 ¿Qué tipo de proyectos?
Hace poco les pedí a unos niños
que diseñaran un afiche. Tomaron
fotos de la selva, escribieron el
texto y nosotros lo imprimimos.

 ¿Ayudan a los animales?
Sí. ¡Estamos construyendo
autopistas para ranas! Hacemos
charcas para conectar distintas
partes de la selva, para hacer
que las ranas migren
de un lugar a otro.

El lagarto
Lyriocephalus
scutatus es una especie
"casi amenazada": la
población está disminuyendo.

ecologista

P ¿Y plantan árboles?

R Estudiamos los árboles del dosel arbóreo y tratamos de plantar más con la esperanza de que la selva crezca naturalmente a su alrededor. Pero no es solo plantar, es vivir en armonía con lo que queda. La gente tiene que usar la selva, pero la podemos usar de una manera respetuosa.

P ¿Cuál es tu animal de la selva preferido?

R El loris esbelto, un primate pequeño de ojos inmensos que caza insectos de noche. Desafortunadamente, es una especie amenazada.

P ¿Cuál es el animal de la selva que menos te gusta?

R La sanguijuela. Es un gusano que te chupa la sangre, ¡y siempre encuentra donde morderte!

P ¿Por qué es importante salvar la selva?

R La selva no es el único ecosistema de Sri Lanka, pero sustenta los demás. Si desaparece, la fauna y la flora de la selva se verán afectadas, y también las de los otros ecosistemas de la isla.

P ¿Cómo podemos ayudar?

R Lo primero es tener conciencia del problema, y luego tratar de usar madera que provenga de fuentes sostenibles, es decir, que no se haya obtenido dañando la selva. Y si todos reciclamos, también estaremos ayudando.

loris esbelto gris

sanguijuela

Glosario

biodiversidad
La gama de diferentes animales y plantas que viven en un hábitat.

cadena alimentaria
Serie de organismos vivos que dependen unos de otros para alimentarse. Ejemplo: un animal se come una planta, y luego ese herbívoro es devorado por un animal carnívoro.

calentamiento global
Calentamiento de la atmósfera de la tierra causado por el aumento del dióxido de carbono.

camuflaje
Coloración natural que ayuda a ciertos animales a confundirse con su entorno.

capa emergente
La capa superior de la selva, formada por las copas de los árboles más altos y habitada por pájaros y monos.

cazador recolector
Ser humano que caza animales y recolecta frutas y granos silvestres para alimentarse.

colonia
Grupo grande de animales de la misma especie que viven juntos.

deforestación
El acto de cortar los árboles y la vegetación para cultivar la tierra, explotar minas u obtener madera.

depredador
Animal o planta que devora otros animales.

dióxido de carbono
Gas que se halla en el aire y que las plantas usan para producir alimento. Los animales expulsan dióxido de carbono al respirar.

dosel arbóreo
Capa de la selva que se halla entre el sotobosque y la capa

emergente. La mayoría de los animales de la selva vive en el dosel arbóreo.

ecologista

Persona que estudia o practica la protección de áreas silvestres como las selvas.

epifita

Tipo de planta que usualmente crece sobre otra planta y obtiene el agua y los alimentos del aire. Las bromelias y las orquídeas son epifitas.

espora

Célula parecida a una semilla que los hongos y ciertas plantas usan para reproducirse.

extinto

Que ya no existe, pues se murieron todos los ejemplares.

fermentar

Convertir el grano o la fruta en alcohol, usualmente con ayuda del calor. Para fabricar chocolate es necesario fermentar el cacao.

hábitat

Lugar donde vive un animal o una planta.

mono

Primate pequeño con cola. Los mandriles y los titíes son monos.

presa

Animal que es cazado y devorado por otro animal o planta.

reciclar

Convertir los desechos en materiales reusables.

simio

Primate grande sin cola. Los gorilas y los chimpacés son simios.

sostenibilidad

Práctica que consiste en obtener recursos de las selvas sin destruirlas, usando la reforestación u otros métodos de conservación.

sotobosque

Capa de la selva, húmeda y oscura, entre el suelo y el dosel, donde viven ranas, insectos y serpientes.

suelo de la selva

La capa inferior de la selva, donde hay muy poca luz. Allí viven insectos y hongos.

La boa esmeralda vive en las selvas de América del Sur.

Índice